DIVAGATIONS

DÉMOCRATIQUES

Aux Lecteurs. — Avant-Propos.
Des Droits de l'Homme. — Morale et Religion.
Liberté, Égalité, Fraternité. — Des Démocraties.

Des Corps législatifs. — De la Justice et des Juges.
Des Églises et des États. — Des Impôts.
De l'Exercice des Boissons. — Des Emprunts.

De la Propriété. — Travail et Capital.
Grèves et Salaires. — Logis à bas Prix.
Épargnes et Retraites. — Conclusion.

PARIS

CHEZ LES MARCHANDS DE NOUVEAUTÉS

1886

DIVAGATIONS

DÉMOCRATIQUES

> Ils veulent être libres et ne
> savent pas être justes!
>
> Siéyès.

PARIS

CHEZ LES MARCHANDS DE NOUVEAUTÉS

—

1886

AUX LECTEURS

Adorateur passionné de l'Indépendance, nous ne sommes rien, n'avons jamais rien été et ne voulons rien être. Nous vivons isolé et la Renommée ne saurait nous toucher. Nous sommes sans fortune et n'envions nulle richesse. Nous sommes enfin sans amour et sans haine.

Ce qui a pu nous permettre de rechercher la vérité, la justice, sans partiatité. Nous le croyons du moins, et si nous y avons failli, nous jurons que ce ne peut être que par aberration et par ignorance.

Que celui de vous qui est sans péché nous jette donc la première pierre.

Tibi frater :

Nullum timeo nisi quem amo.

Salutem dat

A.

AVANT-PROPOS

La plupart des humains, soit paresse, soit incapacité, préfèrent accepter les idées sociales toutes faites dont on les a bercés dès l'enfance, que de prendre le soin d'en examiner la valeur au point de vue successif des civilisations progressives. De là les prétentions surannées incarnées chez les uns, et les prétentions erronées enracinées chez les autres.

Présentement, les difficultés qui retardent la solution rationnelle des questions sociales qui nous agitent, ne reposent en réalité que sur ce que chacun ignore ou veut ignorer, par égoïsme ou par envie, les principes de justice tirés des lois de la nature.

Seules, ces lois peuvent tendre désormais à la stabilité des sociétés modernes, qui désirent en finir avec les préjugés, les supercheries et les dénis de justice qui servirent à fonder les premières sociétés chez des peuples alors ignorants, superstitieux et sauvages.

Chercher partout l'éclatante et persuasive lumière ; signaler des fautes, des abus, des erreurs ; démêler le juste de l'injuste ; le probe de l'improbe ; et ne proposer enfin que des réformes ou des systèmes applicables : telle est l'unique route bonne à suivre — croyons-nous — pour arriver, sans secousses, à des progrès qui s'imposent, et qui ne pourront être utiles et durables que s'ils sont affermis, sur la morale, la vérité, la justice.

DÉCLARATION

DES

DROITS DE L'HOMME ET DU CITOYEN*

Les représentants du peuple français, constitués en assemblée nationale, considérant que l'ignorance, l'oubli ou le mépris des droits de l'homme sont les seules causes des malheurs publics et de la corruption des gouvernements, ont résolu d'exposer, dans une déclaration solennelle, les droits naturels, inaliénables et sacrés de l'homme; afin que cette déclaration constamment présente à tous les membres du corps social, leur rappelle sans cesse leurs droits et leurs devoirs; afin que les actes du pouvoir législatif et ceux du pouvoir exécutif pouvant être à chaque instant comparés avec le but de toute institution politique, en soient plus respectés; afin que les réclamations des citoyens, fondées désormais sur des principes simples et incontestables,

* Votée le jeudi 1er octobre 1789.

tournent toujours au maintien de la constitution, et au bonheur de tous.

En conséquence, l'assemblée nationale reconnaît et déclare, en présence et sous les auspices de l'Être suprême, les droits suivants de l'homme et du citoyen.

ARTICLE PREMIER.

Les hommes naissent et demeurent libres et égaux en droits. Les distinctions sociales ne peuvent être fondées que sur l'utilité commune.

ART. II.

Le but de toute association politique est la conservation des droits naturels et imprescriptibles de l'homme. Ces droits sont : la liberté, la propriété, la sûreté et la résistance à l'oppression.

ART. III.

Le principe de toute souveraineté réside essentiellement dans la nation. Nul corps, nul individu ne peut exercer d'autorité qui n'en émane expressément.

ART. IV.

La liberté consiste à pouvoir faire tout ce qui ne nuit pas à autrui : ainsi l'exercice des droits naturels de chaque homme n'a de bornes que celles qui

assurent aux autres membres de la société la jouissance de ces mêmes droits. Ces bornes ne peuvent
être déterminées que par la loi.

Art. V.

La loi n'a le droit de défendre que les actions
nuisibles à la société. Tout ce qui n'est pas défendu
par la loi ne peut être empêché, et nul ne peut être
contraint à faire ce qu'elle n'ordonne pas.

Art. VI.

La loi est l'expression de la volonté générale.
Tous les citoyens ont droit de concourir person-
nellement, ou par leurs représentants, à sa forma-
tion Elle doit être la même pour tous, soit qu'elle
protège, soit qu'elle punisse. Tous les citoyens
étant égaux à ses yeux, sont également admissibles
à toutes dignités, places et emplois publics, selon
leur capacité, et sans autre distinction que celle de
leurs vertus et de leurs talents.

Art. VII.

Nul homme ne peut être accusé, arrêté, ni détenu
que dans les cas déterminés par la loi, et selon les
formes qu'elle a prescrites. Ceux qui sollicitent,
expédient, exécutent ou font exécuter des ordres
arbitraires, doivent être punis; mais tout citoyen

appelé ou saisi en vertu de la loi, doit obéir à l'instant : il se rend coupable par la résistance.

Art. VIII.

La loi ne doit établir que des peines strictement et évidemment nécessaires, et nul ne peut être puni qu'en vertu d'une loi établie et promulguée antérieurement au délit, et légalement appliquée.

Art. IX.

Tout homme étant présumé innocent jusqu'à ce qu'il ait été déclaré coupable, s'il est jugé indispensable de l'arrêter, toute rigueur qui ne serait pas nécessaire pour s'assurer de sa personne, doit être sévèrement réprimée par.la loi.

Art. X.

Nul ne doit être inquiété pour ses opinions, même religieuses, pourvu que leur manifestation ne trouble pas l'ordre public établi par la loi.

Art. XI.

La libre communication des pensées et des opinions est un des droits les plus précieux de l'homme : tout citoyen peut donc parler, écrire, imprimer librement, sauf à répondre de l'abus de cette liberté, dans les cas déterminés par la loi.

Art. XII.

La garantie des droits de l'homme et du citoyen nécessite une force publique : cette force est donc instituée pour l'avantage de tous, et non pour l'utilité particulière de ceux auxquels elle est confiée.

Art. XIII.

Pour l'entretien de la force publique, et pour les dépenses d'administration, une contribution commune est indispensable : elle doit être également répartie entre tous les citoyens, en raison de leurs facultés.

Art. XIV.

Tous les citoyens ont le droit de constater, par eux-mêmes ou par leurs représentants, la nécessité de la contribution publique, de la consentir librement, d'en suivre l'emploi, et d'en déterminer la quotité, l'assiette, le recouvrement et la durée.

Art. XV.

La société a le droit de demander compte à tout agent public de son administration.

Art. XVI.

Toute société dans laquelle la garantie des droits

n'est pas assurée, ni la séparation des pouvoirs
déterminée, n'a point de constitution.

Art. XVII.

La propriété étant un droit inviolable et sacré,
nul ne peut en être privé, si ce n'est lorsque la
nécessité publique, légalement constatée, l'exige
évidemment, et sous la condition d'une juste et
préalable indemnité.

MORALE ET RELIGION

Si l'existence d'un Être suprême n'était pas naturellement gravée au cœur de l'homme, elle lui serait révélée rien que par le plus succinct examen des plus simples merveilles de la nature.

En effet, que ce soit un insecte qui s'agite, un brin d'herbe qui pousse, tout, jusqu'à la moindre des molécules, en accuse l'existence.

Que cet Être soit devenu le but de la reconnaissance des hommes pour les bienfaits qu'ils ont trouvés sur terre! rien de plus juste.

Qu'il aient fait de leur reconnaissance un sujet de religion! rien de plus simple.

Que, frappés de terreur aux échos de la foudre, les hommes aient tourné leurs regards vers un ciel obscurci, pour y solliciter le retour de cet émerveillant soleil qui donne à toute la nature sa surprenante vitalité! cela doit être.

Qu'ils aient enfin cherché dans des espaces infinis le dispensateur d'une protection idéale ou effective! tout le prouve.

Et le besoin d'y recourir à la moindre tourmente

les a portés de l'invocation à la prière ; et de la prière au culte, il n'y eut qu'un seul pas.

Mais là, sans doute, se seraient bornés leurs hommages et leurs prières adressés au Créateur, si l'astuce n'avait exalté leurs saintes croyances jusqu'à la superstition, pour se faire de leurs innocentes crédulités des moyens de domination.

Pour ce qui est de la morale, elle n'a rien de commun avec la religion naturelle qui, saisissante de vérité, s'impose d'elle-même dans toute sa simplicité.

La nature, en nous créant, ne nous a donné, comme aux autres bêtes, que des instincts de conservation et de reproduction de notre espèce. Or, en nous donnant ces instincts, le Créateur n'a pas eu l'absurdité tout humaine, de nous faire un crime de manger à notre faim, de boire à notre soif, de dormir à notre contentement, et encore moins de rechercher des plaisirs qui, selon sa volonté la plus manifeste, donnent à toutes ses créatures leur incontestable immortalité.

La gourmandise, l'ivrognerie, la paresse, l'incontinence ne sont que les effets de la corruption d'une civilisation toute terrestre, qui pour se donner à elle-même des freins, se créa des vices et des vertus.

Les lois pénales qui répriment ces vices, aussi bien que les lois morales qui encouragent ces vertus, ne sont donc que les nécessités d'un état social entièrement étranger à l'état naturel de l'homme, primitivement destiné à vivre sans vices et sans vertus, selon les simples lois instinctives qui régissent l'ensemble d'une vaste organisation à laquelle toutes ses vanités ne sauraient le soustraire.

Dès lors, que conclure? si ce n'est que la morale est de source humaine et non pas divine, et que la seule religion essentiellement naturelle, n'est basée que sur la reconnaissance de la créature envers un créateur, aussi inimaginable qu'indéfinissable, dont l'unique loi n'enjoint à l'animal créé que de vivre, enfanter et mourir.

C'était trop naturellement vrai.

Et les dominateurs attribuèrent toutes les lois sociales à la divinité pour les imposer plus sûrement par la superstition aux êtres faibles et naïfs qu'ils voulaient gouverner.

C'est là, est-il vraisemblable, en vertu de quel pouvoir s'instituèrent les premiers gouvernements des sociétés humaines qui, par la suite, secouèrent le joug des superstitions, pour fonder enfin, sur l'expérience des civilisations successives, ce immuable état social qui nous régit, et qu'un cataclysme terrestre même ne saurait que momentanément détruire, si l'homme devait y survivre.

LIBERTÉ — ÉGALITÉ — FRATERNITÉ

Ces trois mots, inscrits au fronton de l'édifice de toutes les démocraties, paraissent exprimer des idées immenses ; et cependant ce ne sont, à bien voir, à peu près que trois sons.

La liberté est un droit de nature chez l'homme à l'état sauvage ; mais pour l'homme appelé à vivre en société, ce droit de liberté individuelle ressemble quelque peu à ce costume des danseuses qui ne commence qu'à peine et qui finit tout de suite.

Pour que la liberté soit un droit sérieux pour tous, il faut que tous respectent la liberté de chacun ; autrement chacun ne jouirait de sa liberté qu'en entravant la liberté d'autrui.

Aussi se demande-t-on, mais en vain, de quelle liberté réelle d'action un homme pourrait scrupuleusement user, sans fouler aux pieds la liberté de son prochain.

Au propre, l'homme social n'est libre que parce qu'il n'est pas esclave, et la liberté n'existe pour lui de fait que dans l'indépendance de sa pensée, jointe à l'influence morale qui naturellement en dérive.

Quant à l'égalité des hommes entre eux, elle n'existe pas dans la nature qui, au contraire, dévoile partout leur inégalité flagrante.

Les uns naissent beaux, les autres vilains; ceux-ci sont grands, ceux-là sont petits; n'en est-il pas aussi de forts et de faibles; d'intelligents et d'idiots; de courageux et de lâches? Et est-il besoin de prouver que le fort dominera le faible, l'intelligent l'idiot, le courageux le lâche?

L'inégalité des hommes entre eux n'est suspendue qu'aux pieds de la justice, et elle ne s'efface enfin qu'au fond du tombeau.

A ce compte, de cette épigraphe, il ne reste plus maintenant que la fraternité, cette conception sublime, dont Jésus tenta de faire une loi divine.

Ici l'auteur ne trouve rien à dire. A chacun l'examen n'est que trop facile.

Que chacun jette un os entre deux chiens affamés, et l'enseignement dépassera tout ce que le scepticisme pourrait imaginer.

Conclusion : en réalité, la liberté est une ombre, l'égalité un mensonge, la fraternité une illusion.

Et pourtant l'éternelle question sociale n'en restera pas moins basée sur ces trois mots vides de sens.

DES DÉMOCRATIES

Si les révolutions, qui appellent les démocraties à succéder aux monarchies, n'avaient pour but que de rendre à tous les membres d'un peuple le droit de participer au gouvernement de la chose publique; ce mode de gouvernement ne serait alors que l'un des plus exposés au flux et reflux de la faveur populaire; et fatalement un jour, sapé sur sa base par son principe même, toutes choses retourneraient à leur point de départ; ainsi que l'expérience l'a déjà plus d'une fois prouvé.

Pour que ces mots « gouvernement démocratique » ne soient pas à leur tour une expression vide de sens, il faut, par prudence, y réformer ou y détruire aussitôt que possible toutes les institutions précédentes qui seraient contraires à son principe d'équité. Car, en art politique comme en art militaire, le premier soin doit être de fortifier les contre-attaques des positions acquises, pour les opposer victorieusement à toutes les représailles agressives de l'ennemi.

Ce n'est qu'à ce prix que les démocraties modernes pourront se fonder à jamais; et leurs institutions, indestructibles si elles sont basées sur la sagesse, la justice, devront être tellement opposées aux institutions monarchiques, qu'il soit impossible à un monarque de songer à gouverner avec elles.

Hors de là pas de salut! telle est l'écrasante vérité. Car qui oserait douter qu'une seule faute, qu'un seul jour peut tout perdre? Et ce n'est, il faut l'affirmer, qu'en ruinant les espérances monarchiques, que les peuples arriveront à se débarrasser des incorrigibles aristocraties nobiliaires et plébéiennes.

L'indestructible suffrage universel fut le premier pas fait dans cette voie de prévoyance; mais s'il a rendu à l'avenir les monarchies absolues impraticables; cette seule institution est bien loin de sauvegarder la liberté des peuples de tous autres dangers.

Qu'a-t-on fait jusqu'ici, depuis de longues années, pour conjurer ces dangers chez des peuples, dont la plupart des citoyens n'ont pour tout mobile politique que de très impressionnables intérêts privés?

Qu'a-t-on changé à ces errements qui laissent en permanence la sacro-sainte curée des abus monarchiques?

En quoi a-t-on enrayé cette ruineuse dilapidation

financière dont saurait fort bien s'accommoder
encore le plus prodigue des monarques?

Et qu'est-ce qui viendrait enfin gêner le réta-
blissement d'un trône en un certain pays où il n'y
a encore comme toujours, rien qu'un fauteuil à
racheter pour mollement s'y rasseoir?

De nouveaux Lycurgues, législateurs innés, ont
déclaré qu'il fallait tout d'abord :

Ne fonder tous pouvoirs que sur une assemblée
unique faite à leur image, pour jeter, à tout hasard,
l'État au chaos.

Faire élire les juges par les justiciables pour
rendre leurs jugements à la fois plus indépendants
et plus intègres.

Séparer les Églises des États pour s'aliéner, sans
retour, toutes consciences.

Décréter l'impôt progressif, pour exiler plus
sûrement tous les capitaux d'un pays.

Et enfin, supprimer cet anti-démocratique exercice des boissons pour enrichir plus vite les cabaretiers au dépens des ivrognes.

C'était grand!... mais les masses stupides ne
l'ont pas compris, paraît-il.

D'autres ont beaucoup cherché, mais n'ont jamais
rien trouvé.

En les mettant un peu sur la voie, ne croiraient-
ils pas à propos, sans attendre l'heure de la der-
nière carte à jouer, de faire que la force ne puisse
plus jamais primer le droit, afin que sur des baïon-
nettes on ne puisse plus s'asseoir désormais?

Que viennent faire, dans des démocraties, ces
pépinières monarchiques qui jettent dans l'armée
cet élément aristocratique de privilégiés qui d'em-
blée passent officiers, sans passer, comme tous
autres, par les rangs?

Serait-il donc indispensable maintenant aux nouveaux émules des Moltke, de savoir expliquer
les signes hiéroglyphiques de l'Obélisque de Luxor,
ou bien d'avoir pâli sur la recherche de la quadra-
ture du cercle, pour avoir assez d'intelligence, de
cœur, de bravoure et d'amour de la patrie, pour en
défendre le sol et entraîner un peuple du combat à
la victoire?

Tous les citoyens simples soldats, et dans les
rangs; voilà l'égalité devant la loi.

Tous les grades soumis à une même source d'origine; voilà tout à la fois sagesse et la justice.

Tous les avancements hiérarchiques, rien qu'au
mérite contrôlé par le concours; voilà le droit.

Tout ce qui est en contradiction avec ces principes équitables ne tend qu'à détruire, faute d'une

carrière assurée, les indispensables sous-cadres des armées, et à y perpétuer les conséquences qu'entraînent après elles des institutions essentiellement aristocratiques, aussi nuisibles à la confraternité des armes, que dangereuses pour la sécurité des démocraties présentes et à venir.

A l'encontre, l'armée devrait être essentiellement démocratique, en dépit même de tout machiavélisme, et les casernes devenir de véritables écoles mutuelles d'enseignement militaire, parfaitement à même, quoi qu'on en puisse dire, de former, comme jadis, des officiers de premier ordre, sortant des sous-cadres, qui alors ne seraient, certes, plus désertés.

Les premiers professeurs ne seraient-ils pas, d'ailleurs, tous trouvés dans ces favoris d'hier, qui aujourd'hui doivent être plus aptes encore à rendre l'instruction qu'on leur a donnée ; et seules, les écoles d'application ne suffiraient-elles pas à parfaire l'éducation des spécialistes prédestinés?

Loin de servir spécialement de refuge à de certains fortunés qui ne trouvent à leur hauteur que le rang d'officier dans la carrière des armes, l'armée au contraire devrait particulièrement offrir aux *défortunés* le moyen d'acquérir, par le dévouement et le travail, le droit de s'élever et de s'enorgueillir, à leur tour, de porter de brillants uniformes galonnés.

Qu'attend-on pour réglementer, des bases aux sommets, tous les services des États, suivant des règles inviolables d'un avancement hiérarchique qui, seul, pourrait par intérêt, si ce n'est par dévouement, assurer la fidélité de cette innombrable armée d'employés, dont l'avenir est encore à la merci d'un simple bon plaisir?

Qu'attend-on aussi pour fermer les antichambres de toutes les administrations publiques à cette nuée de mendiants de tous ordres qui, pour reconnaître quelques services personnels, placer toute leur famille, ou se donner simplement de l'importance, y entravent toutes les carrières au profit de n'importe quel intrus; sans compter tous ceux que laisse de par testament le népotisme de nombreuses excellences détrônées?

N'est-il pas en effet scandaleux et au dernier point démoralisant pour le peuple, de voir toutes les places plus ou moins enviables accordées à la faveur, au détriment des droits acquis par de longs services rendus?

De voir par exemple, pour ne citer que ce qui peut sauter à la vue de chacun, des trésoriers, des receveurs des finances de tous grades, qui n'ont jamais appartenu à aucun service financier de l'État, et auxquels le cautionnement exigé supplée à des inaptitudes que rachètent la capacité et le savoir d'un mercenaire à petits gages, à l'exclusive satisfaction de l'heureux bénéficiaire des énormes bénéfices de l'emploi?

Des préfets, des sous-préfets de toutes classes qui ne sortent de nulle part, et encore moins du ministère de l'Intérieur, et qui, d'une simple signature, sont magiquement métamorphosés en savants administrateurs et profonds politiques, rien que pour ne pas déplaire à des solliciteurs influents; ou bien encore, rien que pour donner des fiches de consolation à quelques nullités déchues de quelque autre place, qu'aucun subalterne n'avait pour devoir de mettre à la portée de leurs forces?

Des fonctionnaires enfin de tous rangs et de toutes provenances qui, pour conserver des emplois aussi justement acquis, offrent leur élastique fidélité à tout nouvel arrivant, dussent-ils aider à soutenir le régime qui les a placés tout comme une corde soutient un pendu?

Attendra-t-on toujours ainsi pour que ce ruban, qu'on ne voit qu'exceptionnellement sur la capote du soldat et jamais sur la blouse méritante, cesse enfin, en matière civile, d'être profané au profit de qui a découvert le secret de s'en faire indûment décorer?

Car ce ruban ne tombe pas spontanément, comme un vain peuple le pense, sur la poitrine d'un homme, comme une pomme cuite sur la face de l'acteur que le parterre a sifflé !

Il a fallu, bien au contraire, à l'inverse de ce malheureux acteur, en solliciter opiniâtrement et pendant longtemps la faveur.

Il a fallu, par écrit, énumérer soi-même ses propres mérites à défaut de ses droits ; et les humains à cet égard ne restent pas souvent court, s'il faut en croire un vieil adage qui prétend, « que le plus lucratif des commerces serait d'acheter les hommes ce qu'ils valent et de les revendre ce qu'ils s'estiment. » Et c'est finalement après maintes démarches et force apostilles de quelque protecteur exigeant que le ministre, trop souvent circonvenu, reconnait enfin d'un brevet erroné un mérite qui n'était connu que du solliciteur.

Et enfin, quand cessera-t-on de décorer celui qui sait acheter bon marché et sait oser vendre cher, au lieu et place de celui qui sait de ses mains sortir du néant le produit méritoire ?

Rester impassibles à l'égard de telles fautes, de tels abus, ce n'est pas être spectateurs, c'est être complices ; et si de semblables façons d'être sont indispensables à tous modes de gouvernement, il faut avouer que c'est profondément triste pour des démocraties, dont la vertu politique doit être le principe, s'il faut s'en rapporter au dire d'Aristote contrôlé par celui de Montesquieu *.

Car, en conscience, sont-ce là tous errements assez vertueux pour être si pieusement respectés des législateurs; et n'est-on pas forcé de reconnaître, avec ses propres ennemis, qu'un tel gouvernement n'est en réalité, pour mécontenter tous les partis, qu'une monarchie dépourvue d'un monarque!

Néanmoins, convaincu que les monarchies ne sauraient vivre dans une atmosphère d'équité, nous souhaitons que les législateurs démocrates aient la louable adresse de faire de l'équité une loi inviolable de gouvernement; et nous crierons avec tous les désintéressés et les justes :

« Guerre aux intrus, place au droit! »

---

* *De l'Esprit des lois.* — Paris, 1748.

DES CORPS LÉGISLATIFS

Qu'elle tombe des nues pour s'appeler oligarchie ou qu'elle surgisse de terre pour se nommer ochlocratie, la tyrannie ne sera jamais que la tyrannie, cette ennemie implacable et haineuse qui a toujours poussé toutes les démocraties aux abîmes.

Qui ne se souvient encore qu'un coup de main peut livrer à l'ochlocratie assez de puissance pour déchaîner toutes les passions anti-démocratiques qui ne laissent après elles qu'ignominie, cendres et ruines?

Qui ne se rappelle qu'une surprise peut donner à l'oligarchie assez de pouvoir pour opprimer toutes les libertés, afin de conspirer, sans bruit, le rasservissement d'un peuple?

Qui ne voit enfin que les vents et les flots infidèles peuvent, au lendemain de la tourmente, ne laisser sur la plage que de désespérantes épaves?

Et ce serait en présence de ces infaillibles pronostics, sans cesse vérifiés depuis le commencement de ce siècle, que d'extravagants pilotes oseraient encore prétendre que la barre ne doit être gouvernée que de leurs mains !

Quelque bien intentionnés que fussent les membres d'une assemblée unique, en une seule fois intégralement renouvelable, l'avenir des gouvernements démocratiques n'en serait pas moins constamment à la merci d'un mouvement oscillatoire dont aucun calcul ne saurait maîtriser les hasardeux dangers.

Et un jour ce serait l'une des deux tyrannies qui jetterait les rênes du pouvoir aux mains de n'importe quel monarque.

D'un autre côté, avec deux assemblées de puissance égale, l'avenir quoique moins chancelant, n'en sera cependant pas en dépit de toutes *conciliances*, à l'abri des conflits émouvants et des caprices électoraux qui, en paralysant toutes les activités, sèmeront toujours l'inquiétude dans tous les intérêts en suspens.

Et alors ce sera le découragement chez une multitude de fidèles et le dégoût chez tous les hésitants, qui permettront à la monarchie de se substituer légalement à sa maladroite rivale qui ne sait jamais qu'engendrer l'épouvante dans un gouvernement de paix.

En conséquence, s'il est suffisamment prouvé d'expérience, qu'un avenir à tous instants troublé, et souvent à la discrétion des équivoques du hasard, ne peut être ni prospère, ni durable; pourquoi, si toutefois il n'est pas trop tard, certains gouvernements démocratiques ne s'entoureraient-ils pas, dès lors, d'institutions plus prévoyantes qui, en affirmant leur stabilité, donneraient enfin à toutes les activités la sécurité qui leur est nécessaire?

Le meilleur gouvernement doit être, sans aucun doute, celui dont le fonctionnement sans perturbation d'aucune sorte, se fait le moins sentir, et par contre le plus défectueux sera, sans contredit, celui qui, toujours menaçant d'un nouvel émoi, laissera, sans cesse, sur la tête d'un peuple, cette épée que Denys l'Ancien suspendit sur la tête de Damoclès, son convive terrifié.

Et c'est pourtant à cette épée suspendue à un crin de cheval qu'il est loisible de comparer ces importuns conflits et ces tumultueux et *indirigeables* renouvellements *infractionnés*.

On serait donc fort tenté d'admettre que trois pouvoirs dans un état démocratique ne seraient pas de trop pour anéantir tous conflits inextricables et assurer la parfaite stabilité des institutions légales.

A savoir, par exemple :

Une assemblée législative;

Un sénat délibératif;

L'une et l'autre renouvelables par fractions;

Et enfin un conseil d'État arbitral, à choisir sur un groupe de candidats présentés par les pouvoirs législatifs et nommés par le chef du pouvoir exécutif pour toute la durée de son propre mandat.

Ou bien encore, s'inspirant de l'abbé Siéyès*, constituer trois députations nationales, égales tant en nombre qu'en pouvoir et qui bien que nommées à de certaines conditions d'éligibilité, émaneraient d'une même origine et ne seraient renouvelables qu'isolément chacune.

* *Vues sur les moyens d'exécution, etc.* — Paris, 1788.

DE LA JUSTICE ET DES JUGES

La justice, dans les démocraties, doit être révérée à l'égale de la plus sainte des religions, et ses lois respectées comme des dogmes, parce qu'elle est la base fondamentale des principes démocratiques, sans lesquels ce mode de gouvernement n'aurait aucune raison d'être.

Ce que ce mot démocratie implique au plus haut degré, c'est gouvernement d'équité, de justice et de paix ; et toucher à l'un des principes indivisibles de cette espèce de *trilégie*, serait détruire la base même de l'édifice que l'on prétend perfectionner.

Il n'est donc pas supposable que ce soit le temple même de Thémis, que de trop zélés réformateurs aient en vue d'ébranler? Et néanmoins, en projetant de soumettre le juge à l'élection, n'est-ce pas vouloir le rendre infailliblement tributaire de l'électeur?

Dès lors, que deviendrait son indépendance, appui indispensable de son impartialité, qui seule peut assurer son intégrité?

La vérité a ce privilège, à elle tout spécial, c'est qu'il suffit de l'exposer pour la démontrer sans autre démonstration ; et chacun ne voit-il pas que ce serait la justice elle-même qui serait renversée de toute la hauteur de sa chaise curule ?

Tous les hommes, au surplus, n'ont pas un égal mépris des fastueuses grandeurs ; et les juges, appelés à descendre pour lutter dans l'arène, n'auraient sans doute pas tous l'exceptionnelle fierté de ce vaillant patriote qui, sans tréteaux, sans brigue et sans phrases, a su si dignement affronter la défaite, et s'envelopper ensuite d'un linceul d'honorable mémoire.

Et quand bien même, n'est-il pas évident que, livrée aux compétitions des cabales, la magistrature tout entière y laisserait le prestige qui donne à la justice son imposante majesté ?

Ici encore, quoique en face d'un semblant d'organisation, il n'en faut pas moins crier comme ailleurs :

« Guerre aux intrus, place au droit ! »

Le favoritisme, c'est là, la plaie source de toutes prévarications. C'est là, l'ennemi qui mine les gouvernements démocratiques. Ici, c'est celui-ci qui entend que place lui soit faite au détriment d'un dissident politique ; là, c'est *vice versa*, et c'est par-

tout un solliciteur déhonté qui se fait un passage
au mépris de toute justice.

Aussi, partout, les avenirs ne sont-ils que pré-
caires, et c'est le talent qui, partout, est étouffé par
d'intrigantes médiocrités.

Ce sera toujours, du reste, le fond de la guerre
intestine des partis, qui ne cherchent à bouleverser
un pouvoir et même un État, que pour faire à tour
de rôle la dégradante chasse aux dignités et aux
places.

Et il en sera toujours ainsi, tant qu'une loi *intrans-
gressible* n'aura pas, pour détruire à jamais ces
criants abus, réglementé en tous lieux les droits de
tous, suivant le mérite de chacun.

L'intérêt et la gloriole guident la majorité des
humains ; et il est bon nombre de farouches inimi-
tiés qui s'adouciraient, si elles n'avaient désormais
rien à espérer d'un changement de régime qui ne
pourrait plus rien leur rapporter.

D'autre part, pour en revenir aux réformes judi-
ciaires, s'il est des lois trop sévères ou surannées,
s'il en est aussi de diffuses ou d'insuffisantes pour
imposer aux juges des jugements impartiaux, s'il
en est enfin qui les laissent impuissants pour réprimer tous les degrés des corruptions morales ou

pour sévir contre tous les traîtres à la patrie, ce sont ces lois que les législateurs ont le devoir sacré d'abroger ou de parfaire, si les mécontents ne sont soucieux que des intérêts de l'équité.

DES ÉGLISES ET DES ÉTATS

Séparer les Églises des États!

Ni aujourd'hui, ni jamais, ou du moins aussi longtemps que l'existence d'un ouvrier créateur restera l'une des croyances de l'esprit humain.

Tel est notre sentiment, à nous autres qui, sans amour et sans haine, ne nous passionnons que pour ce que nous croyons être le loyal et le vrai.

Aussi contrairement au ni Dieu, ni justice, ni honneur, ni patrie; si l'Église était libre dans l'État libre, voudrions-nous l'y renfermer comme l'un des organes pondérateurs et réglant l'essor immodéré d'une violente machine.

Si les lois pénales sont destinées à servir de droiture à ceux qui n'en ont pas, les lois morales, que se sont adjointes toutes les religions, sont à leur tour destinées à servir de conscience à ceux qui en sont dépourvus.

Et comme il ne paraît pas probable que jamais l'éducation sociale soit assez perfectionnée pour rendre tous les hommes vertueux, socialemént parlant, il est alors certain que le frein de toutes les lois sera encore indéfiniment nécessaire aux sociétés fondées sur la justice et la probité.

C'est ainsi que nous envisageons cette irritante question, parce que nous sommes convaincu que les lois pénales uniquement appelées à sévir contre les délits matériels, seraient impuissantes à protéger les sociétés, si les lois morales appelées, par le fait, à réprimer des délits immatériels, ne venaient leur prêter un indispensable concours.

Qu'elles s'appellent judaïsme, christianisme, islamisme ou catholicisme, qu'importe ! toutes les religions reconnaissent un Être suprême et toutes se sont donné comme principes des morales sociales de gouvernement.

Ce ne sont donc pas les religions qui peuvent entraver ou gêner le gouvernement des États ; mais bien en réalité leurs ministres si, se déclarant ennemis des institutions que se sont données des peuples, ils sortent des temples armés de leur influence morale pour s'immiscer à des affaires publiques étrangères à leurs fonctions.

Il n'est peut-être pas inutile de rappeler ici que l'influence morale individuelle (corruption à part) étant une des conséquences de la liberté de penser, il serait aussi absurde qu'inique, de vouloir la bâillonner d'une part, pour ne la reconnaître qu'exclusivement d'une autre, chez des ministres qui ont précisément pour fonctions spéciales de se servir de cette même influence, pour obvier à l'insuffisance flagrante des lois pénales.

Ceci posé, nous oserons admettre, sans détour, que, pour sortir de cet éternel dilemme, le plus sage parti à prendre — pensons-nous — serait de s'efforcer de ranger les ministres des cultes dans les intérêts mêmes des institutions qu'ils combattent comme incompatibles avec les leurs.

Dans un autre ordre d'idées, c'est ce que les monarchies ont toutes parfaitement compris, et ce sont elles qu'il faudrait imiter, quoique en suivant une route diamétralement inverse.

Toutes les monarchies ont vu, et verront toujours dans les ministres des cultes d'excellents instruments de despotisme.

Elles se sont donc toutes incessamment empressées de favoriser l'élévation et la puissance prépondérante de tous les gradés religieux, afin de disposer sûrement de leur absolutisme sur leurs inférieurs, pour éterniser par la pression religieuse, l'asservissement des peuples.

Nous autres, par principe d'équité démocratique, et pour nous rallier toutes les consciences, nous voulons inversement affranchir du joug d'une juridiction arbitraire, le simple ministre de nos foyers, et lui donner dans ses fonctions la plus large indépendance temporelle, pour qu'il puisse, suivant sa conscience personnelle, servir ses intérêts de liberté tout en servant fidèlement les nôtres.

Et en conséquence, nous désirons que nos institutions libérales lui soient d'un intérêt assez précieux pour qu'il ait horreur, comme nous, des funestes réactions monarchiques.

Tel est le problème que les situations elles-mêmes doivent certainement permettre de résoudre, sans troubles ni vexations au profit commun des généralités, et tout en ménageant les droits acquis à de très respectables intérêts matériels.

Des traités contractuels peuvent, il est vrai, lier de certains États, mais il est indubitable que ces contrats ne sont que lettre morte pour les uns; tandis que les autres les ont exécutés et, malgré toutes ingratitudes, les exécutent encore même extraordinairement au delà de la plus large des interprétations conciliantes.

Donc, de deux choses l'une : ou les exécuter de toutes parts tels qu'ils sont et comme de droit réduits aux strictes obligations contractées :

ou mieux, et de préférence, les régénérer par d'autres *modus vivendi*, concordant, comme de juste, avec des institutions antidespotiques.

Et, conclusion finale, ce brandon de discorde, une fois éteint, le « *Pax vobis* » du plus sublime des démocrates, ne sera plus — il faut l'espérer — une maxime qui ne s'applique pas envers ses fidèles restés de très humbles disciples.

DES IMPOTS

Si l'homme naissait encore au sein des forêts qui aux premiers âges couvraient la plus grande surface de la terre, l'homme primitif y trouverait encore, ainsi que les autres animaux de la création, sa nourriture et un gîte, sans autre travail que celui de rechercher le lieu favorable à son repos et les quelques fruits sauvages destinés à le nourrir.

Ceci ne pouvant être contesté, on sera forcé de reconnaître que, selon les lois de la nature, tout être créé, rien que par le fait même de sa propre existence, a droit sans restriction au gîte agreste et aux aliments grossiers que doit lui procurer le travail de sa recherche.

Ce principe inéluctable étant posé, qui pourrait admettre que l'homme en société y ait un sort plus misérable que celui que la nature lui avait primitivement assigné, alors même que ces sociétés, en se fondant, n'aient eu vraisemblablement pour but que d'améliorer, au·contraire, le sort de tous, en mettant toutes les forces en commun pour protéger le bien-être mutuel contre qui eût voulu y porter atteinte.

Qu'un homme vivant en société pioche de la terre ou taille de la roche, qu'il façonne du métal ou du bois, que peut-il importer? N'est-ce pas là pour lui la recherche tant de son abri que de ses aliments qu'un salaire transformera en une matière d'échange propre à se convertir elle-même, d'une part à tout ce qui est indispensable à l'homme sauvage, et d'une autre en tout ce qui est nécessaire à ses besoins sociaux.

Dès lors, en vertu de quelle équité imposerait-on à l'homme social des redevances sur les aliments indispensables à sa vie, puisque en cela, n'usant d'aucun des avantages sociaux, il ne jouit que des droits primordiaux de la nature, qui ne nous a imposé aucune sorte de dîme en nous livrant l'usufruit de ses nourrissantes richesses?

Voilà une théorie qui, pour être acceptable, n'en restera pas moins d'une application fort embarrassante pour des administrateurs, qui ne savent chercher de suffisantes ressources que dans d'injustifiables redoublements d'impôts, mais qui ne songent jamais à de judicieuses économies.

L'impôt social, comparé à la cotisation que les membres d'une société particulière se sont imposée, pour satisfaire aux divers besoins que se sont créés ses sociétaires, serait une comparaison fort exacte, si tous ses membres devaient être appelés à jouir à parts égales des mêmes avantages que doivent procurer les dépenses couvertes par les cotisations.

Mais dans les grandes sociétés publiques qu'on appelle des États, les choses sont au fond quelque peu moins simples.

Effectivement, parmi les sociétaires d'un État, les jouissances ne seront pas les mêmes pour tous.

Les uns devront se contenter de l'indispensable, d'autres se contenteront de l'indispensable joint au nécessaire, les derniers enfin ne se contenteront de l'indispensable et du nécessaire, qu'en y joignant le superflu.

De là, trois catégories de sociétaires bien distinctes, entre lesquelles il ne serait peut-être pas impossible d'établir une répartition beaucoup plus équitable que celle qui est en vigueur, rien qu'en remaniant quelque peu l'assiette des impôts indirects.

Quel péril social? Quelle raison d'État pourrait empêcher, par exemple :

De dégrever totalement les produits indispensables à la vie?

De laisser à peu près tels qu'ils sont les impôts sur le nécessaire?

Et de reporter sur tous les produits superflus le déficit éprouvé sur les impôts de l'indispensable?

Car, en définitive, toutes ces levées d'impôts qui accablent si impitoyablement le vivre matériel des classes laborieuses, ne sont, de par les lois de la nature, que d'intempestives exactions plus iniques aujourd'hui que jamais.

Ce n'est qu'au nom de l'équité que peuvent se faire les avouables réformes sociales, et celle-là, entre toutes autres, est d'urgence, en dépit même de tous les arguments échappatoires propres à défendre des budgets où l'utile se noie dans des stérilités étranges, qui auraient dû disparaître avec tous les malencontreux administrateurs des administrations monarchiques.

Dans les démocraties, c'est aux citoyens qu'il appartient de vivre dans l'aisance et c'est aux administrations que revient le devoir de vivre dans la lésine, en ne s'occupant que de ce qui intéresse les généralités, et il n'y faut que des fonctions publiques et des travaux particuliers.

Ce sont les seuls, du reste, que le travailleur, toujours en majorité en tous lieux, ne paye pas lui-même de sa propre bourse, sur les invisibles reprises de salaire que lui font largement éprouver tous les impôts et surcroîts d'impôts qu'entraînent après elles toutes les débordantes dépenses publiques.

Et d'ailleurs, qui oserait croire que ce soient les impôts sur les farines, les viandes, les pommes de terre et les gros vins, voire même ceux de raisins secs, qui puissent permettre à des élus populaires de voter, de cœur léger, les fonds destinés à construire, entre autres folles édifications, ces maisons d'échevinages, qui ressemblent bien plus à de scandaleux palais d'autocrates qu'à de scrupuleux édifices démocratiques!

Sans doute! encourager les artistes et enrichir le commerce sous le prétexte d'occuper les ouvriers, sont de très jolis sophismes; mais, au vrai, ils ont l'impardonnable défaut de perpétuer, à n'en pas finir, le malaise chez tous ceux que l'on prétend vouloir soulager ainsi.

Tristes résultats de toutes les ingérences gouvernementales, et il ne faut en prendre pour preuve certaine que l'ajournement perpétuel de cette réforme des octrois qui, comme tant d'autres, n'est toujours restée qu'à l'état de très alléchante promesse électorale.

Les fonds prélevés sur les contribuables ne sont faits que pour administrer la chose publique au mieux de l'économie sociale, et non pas pour être dispersés au détriment de tous les citoyens, dans des entreprises infructueuses ou insignifiantes, dont le but principal est de flatter de petits intérêts de clocher dans l'intention d'entretenir de mesquines popularités individuelles.

D'autre part, sans qu'il soit besoin de citer des exemples trop faciles à énumérer, n'est-il pas curieux de voir des mandataires élus pour défendre les intérêts de leurs commettants, sans cesse approuver des associations administratives avec des exploitations monopolisées pour mieux trafiquer d'un commun accord sur des services de transport ou sur des productions spéciales qui intéressent particulièrement les petits contribuables qui n'y voient que de la poussière, de la fumée ou du feu, lorsqu'ils payent à pleines mains ce que la libre concurrence leur livrerait à bon marché.

Il faut des revenus publics, personne ne le conteste ; mais l'impôt démocratique doit fuir les ténèbres et toutes les subtilités du mercantilisme qui sont indignes de sa loyauté.

Toutes ces questions sont du plus haut intérêt, et les économistes financiers qui doivent disposer de tous les documents désirables, ne pourraient-ils pas mettre à l'étude ces importantes réformes économiques, tout en se gardant bien des idées toutes faites et des vieilles routines dont ne sortent jamais les économistes politiques dans leurs surprenantes élucubrations financières.

Les impôts indirects, quoi qu'on en ait dit, auront toujours le grand mérite d'avoir été consacrés

par une longue expérience et d'être en outre d'excellents impôts proportionnels, puisque chacun n'y
participe que selon son plus ou son moins de dépenses.

Sans compter qu'il n'en est pas d'autres qui
puissent permettre de taxer les produits progressivement à leur superfluité progressive, et en conséquence les seuls qui ne retomberaient pas infailliblement sur le travailleur, qui n'a encore pour
toute fortune que ses outils et ses bras.

Pour nous, en matière d'impôts, le problème est
là, et le rêve serait l'établissement d'un IMPÔT
UNIQUE, qui permettrait de supprimer de très coû-
teuses armées de percepteurs avec leurs trop coûteux états-majors.

Chacun entend l'économie sociale comme il la
comprend ; mais quant à nous qui ne cherchons
que la persuasive lumière, ce que nous voyons de
plus clair dans toutes les nouvelles réformes fis-
cales qu'on préconise, c'est qu'elles ne font que
changer la dénomination des impôts, sans atténuer
en quoi que ce soit les charges d'aucun des administrés.

Appelez-les de tous les noms que bon vous sem-
blera ; divisez-les en autant de sortes que vous
pourrez pour masquer aux irréfléchis l'importance
de leur total, et hormis les impôts sur les titres en

portefeuille; qu'ils se nomment impôts fonciers, agricoles, industriels, commerciaux ou financiers; qu'ils soient appliqués à toutes contributions, perceptions ou droits, à tous monopoles, octrois ou douanes, etc., il n'en résultera pas moins que les mêmes causes produiront les mêmes effets.

Puisque, quoi qu'on fasse, le marchand détaillant qui est lié à toutes les catégories d'imposés et qui reçoit le contre-coup de tous autres impôts, payera toujours ses loyers, ses produits, ses marchandises, ses fonds de roulement, etc., en raison des impôts qui auront été prélevés, et ce sera ce marchand qui, faisant ainsi fonction de répartiteur, répartira les susdits impôts sur les prix de toutes les marchandises qui seront achetées par toute espèce de citoyens.

En conséquence, il n'y a donc, à très peu d'exceptions près, pour ainsi dire, qu'un seul impôt qui, en réalité, est l'impôt indirect perçu sur le consommateur, puisque c'est la marchandise qui, en fin de compte, finit par les supporter tous.

Dans les villes, par exemple, les brouillons politiques ne manquent jamais, à certains moments choisis, de *conférencer* pour proposer l'impôt direct sur la propriété immobilière pour remplacer les taxes impopulaires perçues aux octrois.

Eh bien, puisqu'il faut le dire pour éclairer de

déplaisantes obscurités : Si ce n'est pas duplicité de leur part, il faut absolument que ce soit innocence, car personne n'admettra qu'il soit difficile de deviner que le propriétaire augmentera, tout naturellement, le loyer de son locataire le fruitier qui, non moins naturellement, augmentera le prix de ses carottes et ce sera, tout comme avec les octrois, le riche ou le pauvre qui mangera des carottes, qui de toutes façons sera carotté.

Pour être démagogue on n'en est pas moins homme, et c'est ainsi qu'un nouveau Diogène, la lanterne à la main, chercherait vainement dans de telles démocraties des démocrates qui ne soient pas embourbés dans les ornières monarchiques.

Quoique tous ces raisonnements soient de la plus grande simplicité et prouvent que chacun rejette ses impôts, à toutes occasions, sur tous les trafiquants, c'est cependant grâce à ces mêmes préjugés et supercheries qui servirent jadis à leurrer des peuples ignorants et naïfs que les modernes étourdis de toutes les nations se laissent encore persuader, que des budgets et des emprunts gagés sur des impôts fonciers, ou sur des contributions directes, qu'ils ne payent pas directement, ne doivent pas néanmoins les atteindre proportionnellement à leur consommation.

En présence de la valeur de telles réformes économiques, qu'on tambourine pourtant à grand bruit :
nous demeurons d'avis qu'en ce qui concerne le sort
des travailleurs, il faudrait trouver quelqu'autre
chose de plus sincère et surtout de plus efficace,
qu'on trouvera quand on le voudra dans le vaste
domaine des ingérences et des intrusions, des futilités et des inutilités que ne doivent pas compor-
ter des budgets démocratiques.

L'économie peut être contrariante, mais cette
contrariété n'empêchera pas que le sort du travailleur ne peut être amélioré qu'exclusivement
par la plus stricte économie générale. Et ce ne
sont certes pas de nouveaux impôts, quelque ingénieux qu'ils soient, qui pourront exempter de cette
inéluctable nécessité, et à plus forte raison toutes
les impraticables curiosités à l'ordre du jour.

A commencer par ce très fameux impôt progressif auquel échapperaient de prime abord, toutes les
fortunes en titres au porteur qui bientôt devien-
draient une des faveurs à la mode et dont, quand
même, le résultat le plus évident serait, comme
pour tous ses congénères, d'exiler, quelques pré-
cautions prises, tous les capitaux d'un pays au fur
et à mesure qu'ils seraient rendus disponibles.

Ce qui serait progressif dans cet impôt qu'on a,
comme toujours, fait briller à l'instar des miroirs

spéculaires aux yeux des alouettes humaines, ce serait la ruine qu'il entraînerait à sa suite.

Du premier jour, et même dès qu'il en serait sérieusement parlé, tous les fonds d'État, qu'aucune loyauté ne saurait y soustraire, tomberaient à vil prix ainsi que toutes les valeurs de portefeuille. Et à part la propriété immobilière qui n'en serait simplement que plus dépréciée, l'agriculture, l'industrie, le commerce en seraient affamés jusqu'à complet anéantissement; le tout au mieux de l'enrichissement des puissances rivales.

Devinera qui pourra comment de tels moyens peuvent être sérieusement proposés pour arriver au dégrèvement dont on berne et reberne les classes laborieuses des villes surtout, et qui leur arracherait tout naïvement des mains le travail qui les fait vivre, pour leur imposer progressivement la plus profonde misère.

Mais, puisque personne ne niera que, n'ayant pas de nationalité, le capital s'en va toujours là où il se sent le plus de liberté, et ne se fixe jamais que là où il peut le mieux fructifier, ne serait-il pas plus patriotique d'abandonner ces systèmes d'expédients ruineux, et de chercher ailleurs ces équilibres budgétaires toujours de plus en plus problématiques ?

Ne serait-il pas temps, par exemple, de reviser sérieusement les expertises de tous ces cadastres surannés, et d'en tirer une plus équitable répartition, non pas fondée sur des bases fictives d'une obscurité presque occulte; mais bien sur des bases effectives, qui établiraient plus clairement des droits réciproques; ce qui, sans innovation tracassière, permettrait aux États, considérés ici comme de véritables compagnies d'assurances, de percevoir sur les fortunés des impôts directs, plus productifs ainsi que mieux proportionnés à la jouissance assurée.

Somme toute, devant l'impôt démocratique, la fortune, la richesse, n'ont d'importance que par leurs propriétés, leurs capitaux et leurs larges dépenses.

L'agriculteur, l'industriel, que parce qu'ils sont la source inépuisable qui fournit la matière imposable.

Le marchand, que parce qu'il est de fait, dans ce cas, le percepteur qui, en tirant l'argent de la poche du consommateur, fait rentrer tous les impôts qui ont successivement frappé la marchandise vendue.

Et enfin, le travailleur n'est si intéressant que parce qu'il est l'outil indispensable à toutes productions; et qu'il est sage que ce précieux outil soit toujours de bonne humeur et en parfait état.

DE L'EXERCICE DES BOISSONS

Nous ne cacherons pas que nous sommes partisan déclaré de la suppression totale de l'exercice des boissons et que, c'est seulement sur les voies et moyens à employer, que nous pourrions diverger d'opinion avec la plupart de ceux qui jusqu'ici se sont préoccupés de cette matière.

Ce que nous entendons tout d'abord, nous, c'est de supprimer le cabaret, pour mettre d'un même coup les cabaretiers et leurs tribunes politiques d'accord enfin avec l'exercice des boissons.

Sans plus de persiflage, et avant de poursuivre, nous disons que nous n'ignorons pas que les impôts basés sur les vices sont des plus lucratifs, et que sans eux bien des villes, bien des États endettés, seraient peut-être sujets à de désastreux mécomptes.

Néanmoins, et quoi qu'il en soit de cette constatation, ne serait-il pas humain et sage de faire, entre les vices nécessaires à des budgets modernes, une exception pour l'ignoble ivrognerie et de supprimer en tous lieux l'exercice, en supprimant l'infernal comptoir des cabarets, devant lequel court à la misère l'ouvrier qui, de tournées

en tournées, y reste des heures entières, poussé
par un infâme cabaretier, qui sait toujours juste à
point payer aussi la sienne, pour éperonner les
buveurs alourdis, dont le nombre s'accroît sans
cesse de tous les camarades de coterie qui passent
dans la rue.

Hideux scandale, abrutissement profond, misère
des ménages, désespoir de la femme, funeste
exemple pour l'enfance.

Telles sont, en raccourci, les conséquences du
dépravant et inutile comptoir cabaretier.

Pourquoi toutes les boissons spiritueuses et
vineuses ne seraient-elles pas vendues au détail
rien que pour être emportées? Et en tous cas, ces
dangereux comptoirs ne pourraient-ils pas se trans-
former en tables séparées, et les cabarets devenir
de simples estaminets clos à tous les vents?

DES EMPRUNTS

Les lois de la nature qui nous ont déjà mis sur la route de la vérité, nous forcent ici de constater que, sur cette terre, tout ne nous est que prêté, notre vie durant, puisque en mourant, quelque pénible que ce soit, il faudra tout rendre.

De même que l'usufruitier de nos législations humaines ne saurait, sans forfaire, aliéner l'usufruit au delà de la durée de ses jours, de même de par les lois de la nature, il paraît surprenant qu'une génération puisse s'arroger le droit de grever de ses dettes l'usufruit naturel, qu'elle devrait scrupuleusement transmettre, dans son intégralité, à la génération qui à son tour doit en devenir l'héritière.

Un peuple n'est pas une individualité mortelle, dira-t-on. Subterfuge, sophisme d'un autre temps ! ce peuple du présent sera mort dans les délais des probabilités de l'existence humaine... Il ne saurait donc faire partie intégrante des peuples de l'avenir, et c'est tout au plus si, par complaisance, on pourrait admettre qu'une génération puisse disposer du sort de ses enfants au berceau, en les englobant dans la génération actuelle ; mais quel prétexte supportable donnerait-on, pour y englober en plus les enfants qui sont à naître?

Eh bien, ce ne sont pas seulement les enfants qui vont naître sous nos yeux, que ce système d'emprunts effrénés privera de l'entière jouissance de leur propriété usufructuaire; ce sont, à considérer les dérisoires dotations des caisses d'amortissements, d'innombrables générations futures. Néanmoins, il faut croire que les législations qui, chez tous les peuples régissent de même la probité des simples citoyens, ne sont pas faites pour servir de règle de conduite à ceux qui les gouvernent, s'il faut en juger par les dettes publiques qui grèveront les générations à venir chez toutes les nations subordonnées aux principes que Machiavel* a développés.

Il est entre autres un peuple, par exemple, qui à la suite d'une banqueroute due à un bouleversement anarchique et terrifiant, n'avait plus qu'un milliard de dette publique au début de ce siècle, et qui bien qu'il ne dût encore que 5 milliards 50 ans après, s'est néanmoins trouvé en 30 autres années endetté, tous comptes faits, d'un capital de 20 milliards avec 800 millions de rentes à servir au denier moyen de 4 %.

* *Le Prince,* traduction de G. Cappel. — Paris 1553.

Rien qu'en 30 ans sur 80 années, avoir par imprévoyance et prodigalité, quadruplé la dette d'un peuple !

Et avoir, en outre, porté de 1,500 millions à 3 milliards ses charges budgétaires, quoiqu'il soit plus que difficile d'en apercevoir les plausibles raisons, non plus que de voir ce qui, en compensation de cette dépense doublée, est venu augmenter, de ce fait, le bien-être des généralités qui, naguère, à moitié frais, n'en vivaient que mieux !

Où peut-il bien aller ce peuple taillable à merci, ou plutôt ne retournerait-il pas d'un siècle en arrière, avec cette méthode qui depuis près de 40 ans, sert, en son nom, à gérer ainsi ses affaires ?

Serait-il donc désormais définitivement prouvé que plus un peuple peut être chargé et de dettes et d'impôts, plus il en doit être heureux et plus son avenir en deviendra prospère !

Quoi qu'il en soit, en fin de compte, qu'est-il résulté de l'emploi de ces 15 milliards de déficit gouvernemental accumulé dans le court espace de 30 années ?

De toutes parts, des sacrifices négatifs et sans gloire et quelques vaniteuses futilités jointes à quelques superfétations sans valeur appréciable pour la prospérité des peuples démocratiques.

C'est cher !

Mais ce n'est pas tout! Ce n'est là que la superficie visible de la plaie qui a de plus ses moins visibles profondeurs; car poussés, à toutes voiles, dans cette voie d'un funeste exemple, toutes les provinces, villes, villettes et villages, pour se mettre à la mode de cette prodigalité de décadence, se sont endettés et surendettés, sans scrupule et sans nécessité, grâce à de nouveaux systèmes d'emprunts à loterie hypothéqués comme les actions de la banqne de John Law sur les agiotages* de son Monte-Carlo de la rue Quincampoix.

Maudites soit donc ces malfaisantes institutions de crédit et d'agio sans lesquelles il eût été de toute impossibilité de créer cet autre genre d'aggravantes surcharges populaires, dites dettes des provinces, des villes et des communes dont aucun bien-fonds, en cas de débâcle, ne garantirait, aux mains des réels prêteurs, la somme nécessaire à solder cette autre édifiante addition.

Après nous la fin du monde! comme disait jadis Louis XV de Bourbon, et c'est sans doute, imbus de cette généreuse pensée, que propageant de la tête au cœur du pays le désordre financier, nous avons saccagé la fortune et la prospérité de nos

* *Histoires des finances de la minorité de Louis XV.* — La Haye, 1739.

descendants, qui n'auront plus pour toute alternative que la pénurie ou le déshonneur.

« Appelés à profiter des innovations qui ont motivé certaines de nos dépenses, il n'est que juste — entend-on dire — qu'ils en supportent leur part. »

Phrase toute faite ! Nouvelle erreur de gens à courtes visières, qui ne veulent pas croire que la science d'aujourd'hui ne sera jamais que l'ignorance de demain ; que par la science, le progrès marche sans s'inquiéter de la veille ; et que dans sa course incessante il boulverse, à chaque pas, tout sur son passage.

Aussi pour la génération qui, avant peu, va s'éteindre, et qui a connu Paris sans gaz et sans chemin de fer, que va-t-il survivre des anciennes compagnies d'omnibus et de leur puissant privilège de fusion, à l'aspect de ces gigantesques tramways qui les auront bientôt toutes écrasées, et qui, quoique nés d'hier, se trouvent déjà menacés par les futurs métropolitains ?

Et les réverbères de feu M. Quinquet, dont le gaz hydrogène bicarboné a brûlé les transversales ficelles, et qui, lui aussi, en dépit du monopole qui l'a protégé contre le gaz oxydrique, n'en sera pas moins, à bref délai, passé à l'état de lampions fumeux à côté de la trop éblouissante lumière électrique ?

L'électricité! C'est là par excellence l'une des puissances qui, à l'appui de notre thèse, sont appelées à prouver combien seront toujours éphémères les plus belles conceptions de l'esprit humain.

Oui, toutes ces admirables machines automatiques que la vapeur anime, iront un de ces jours, grâce à l'électricité motrice, rejoindre le tas de ferrailles où les chaises de poste de Dailly et les berlines de Laffitte et Gaillard ont été s'ensevelir à côté des gondoles du Louvre et des coucous de la Porte-Saint-Denis.

Le télégraphe électrique que nous avons regardé comme une merveille indestructible, que va-t-il devenir lui-même auprès de ce tout aussi merveilleux téléphone, qui paraît destiné à le jeter dans les bras gesticulants du télégraphe aérien que les frères Chappe nous avaient fait également admirer?

Qui oserait dire que, demain, la dynamite plus soumise ne fera pas retourner au creuset ces nouneaux engins de guerre se chargeant par la culasse, et qui ne viennent que tout au plus d'en remplacer d'autres, d'un mode d'alimentation qui nous avait paru plus naturel?

Et qui sait enfin, si pour comble de progrès destructifs, un creuseur ignoré, en dévoilant le réceptacle universel du fluide électrique, ne divulguera pas, la semaine prochaine, l'emploi de l'électricité foudroyante, pour exterminer, par voie d'induction, d'une seule étincelle, toutes les créatures de la terre ?

Finalement, si nous n'avons rien de sérieux et de durable à laisser à nos successeurs pour leur faire oublier nos inqualifiables procédés à leur égard, en revanche nous leur laisserons d'assez sérieuses dettes, pour que notre cher souvenir leur soit au moins durable.

DE LA PROPRIÉTÉ

Les forêts vierges sont abattues, la civilisation a changé le naturel de l'homme, et tous les biens de la terre redeviendraient-ils communs à tous, que l'homme, maintenant avec les besoins artificiels qu'il s'est-créés, y périrait bientôt de souffrance, s'il n'y mourait pas de faim.

Donc l'état sauvage, vers lequel ramènerait logiquement l'anarchie, ne paraît pas être appelé à faire le bonheur universel des modernes humains.

Abolir toute propriété, mettre tout en commun, la terre et ses fruits, l'outillage et ses produits, voire même la femme et les enfants; et supprimer enfin d'un trait de plume ce mien et ce tien qui, de toute éternité, divisent et les peuples, et les familles, et les hommes?

La question n'est pas précisément nouvelle : quatre cents ans avant l'ère chrétienne, Platon, s'inspirant de Lycurgue qui vivait cinq cents ans avant lui, en fit dans ses écrits une profonde étude, et s'y perdit comme tant d'autres qui, depuis Thomas Morus *, y ont en vain consacré leurs veilles.

En effet, saurait-on imaginer le bonheur suprême de ce peuple de parias sans émulation, sans numéraire, sans commerce et sans art, se disputant à qui s'occupera le moins et ne travaillant que juste pour vivre !

Égalitairement couchés sur le même matelas ! uniformément vêtus d'une même pièce d'étoffe ! et mangeant la même soupe à la même gamelle !

D'ailleurs où trouverait-on l'homme, si entiché qu'il soit de cette risible utopie, qui, contre tous instincts naturels, consentirait sérieusement à n'avoir rien en propre, pas même le bâton sur lequel il s'appuie ; car du plus au moins tout est propriété, et ce bâton ne pourrait-il pas à un boiteux porter encore envie !

D'autre part, où chercherait-on le monstre qui consentirait à ignorer son père, à vivre sans amour, sans famille et sans connaître ses enfants !

Passons ! Il serait par trop déplaisant de croire que, dans l'échelle animale, grâce au communo-socialisme, l'animal singe pourrait bien être supérieur à l'animal humain.

---

* *De optimo Reipublicæ statu, deque nova insula Utopia.* — Louvain, 1516.

Tous les humains, sans distinction d'âge ni de sexe, également propriétaires, n'est pas une autre utopie d'une fragilité beaucoup moindre.

Partageons donc, par exemple, les quarante-huit millions d'hectares de terres productives de la France, en trente-six millions de parcelles égales, représentant chacune un hectare et tiers, dont chaque Français sera, en toute propriété, rendu propriétaire.

Eh bien, n'en déplaise aux socio-partageurs, puisqu'il a été prouvé que les hommes ne sauraient être égaux qu'au fond de la tombe, et que, de plus, il est banal de dire que tant vaut l'homme, tant vaut la matière ou la chose, qu'arriverait-il fatalement dans un très court délai, si ce n'est que les plus favorisés de la nature rétabliraient l'opulence; tandis que les autres, subissant les conséquences d'un funeste destin, retomberaient au rang des infortunés qui ne rêvent que partage!

Est-ce en vérité à ce résultat, aussi stérile qu'éphémère, qu'un esprit honnête et sérieux peut un seul instant arrêter sa pensée?

La propriété, qu'elle soit immobilière, industrielle ou financière, n'est, depuis les grandes rénovations révolutionnaires, que le produit de l'agglomération persévérante des fruits du travail, encouragé par les lois paternelles qui régissent l'héritage.

En raison de quel principe de probité et de justice pourrait-on donc y porter le trouble et encore moins y prétendre sans en avoir été l'un des vigilents et parcimonieux créateurs?

J'en fais appel au cœur droit et probe, le plus ulcéré par les âpres privations de la misère, le plus exaspéré par la contemplation du gaspillage de la fortune d'autrui, et j'oserai lui demander : s'il lui est possible d'admettre qu'un mendiant puisse, sans être un voleur, s'emparer de sa paillasse et de son dernier morceau de pain, derniers fruits de son labeur, sous le prétexte spécieux que ce mendiant, sans paillasse et sans pain, s'en trouverait le droit, en déclarant que tout est excès de richesse chez quiconque est plus fortuné que lui!

La misère est navrante, le gaspillage est déplorable; mais ce n'est pas sur la propriété, amas de travail, qu'un honnête homme peut porter les yeux pour chercher à améliorer le sort des masses *défortunées*.

TRAVAIL ET CAPITAL

L'association paraît avoir toujours été instinctive
chez l'homme, et rien que l'antique existence des
sociétés humaines en est la plus incontestable
preuve.

Mais il ne faut pas oublier que ces sociétés qui,
par le fait, ne sont autres que de réelles associations, n'ont pu primitivement se constituer que de
gré à gré, entre des individualités n'ayant en vue
que de mettre en commun des intérêts égaux et
réciproques, dans les diverses chances aléatoires à
courir.

Ainsi donc, le plus simple bon sens ne saurait
supposer qu'à aucune époque, les hommes aient eu
l'intention surhumaine de mettre en commun des
intérêts opposés et des risques inégaux !

C'est cependant, dès qu'on examinne cette question de l'association du travail et du capital, l'in-
surmontable dilemme qui se présente à l'esprit de
celui qu'aucun égoïsme passionné n'aveugle.

La participation à des gains implique en soi la
participation à des pertes.

Tel le veut la droiture ainsi que la loi.

Or, c'est précisément en quoi il est impossible de

mettre la droiture et la loi d'accord avec l'association pure et simple du travail et du capital, puisque l'une des parties associées ne serait à même que de réaliser des profits, sans être capable de participer à des pertes.

Il s'ensuit donc que le capitaliste, dans la plénitude de ses droits d'indépendance, aussi respectables chez lui que chez tout autre, repoussera toujours de telles associations, tant que le travailleur ne sera pas en disposition de subir les deux mêmes éventualités que lui.

« Aide-toi et le capital t'aidera » devrait être un précepte proverbial pour le travailleur désireux de parvenir.

Que dix ouvriers, par exemple, mettent en commun chacun mille francs de précieuses économies, il est probable que leurs fonds seront insuffisants, mais il doit être certain qu'ils trouveront sans peine un capitaliste tout disposé à fournir les fonds supplémentaires, et de plus tout prêt à se consacrer aux opérations commerciales qui devront faire prospérer cette loyale association.

Hors de là, entre le travail et le capital, tout ne paraît plus être qu'inextricable antagonisme.

Néanmoins, il semble qu'il doit y avoir là quelque

chose qui provoque à de très intéressantes recher-
ches; et, sûrement, de toutes les revendications,
celle-ci est l'une des plus admissibles, parce qu'on
n'en peut nier la justesse et la fécondité.

Isolé, le capital n'est plus rien qu'un objet infer-
tile; tandis que le travail est tout puissant par lui-
même, car les plus viles matières se changent en
précieux produits au contact de ses mains.

Pénétré de cette vérité, nous avouerons que nous
avons cherché s'il ne serait pas possible de toucher
le but en tournant la difficulté; mais nous n'avons
rien trouvé qui puisse nous satisfaire.

Cependant, comme une idée peut parfois en faire
naître une autre, nous dirons que nous avions songé
à de grandes usines fondées par actions, — comme
le sont tant d'autres exploitations moins utiles, —
et qui renfermeraient chacune, outre la force motrice, l'outillage nécessaire à une nature d'industrie, et dans lesquelles l'artisan, livré à lui-même,
pourrait y louer l'atelier et l'outillage propres au
libre exercice de son métier.

La moindre économie lui procurerait sans doute
la matière première; mais hélas! à moins d'une
autre combinaison toute spéciale, il lui faudrait encore des capitaux pour attendre le débouché de ses
produits, et satisfaire aux crédits qu'exigent les
coutumes commerciales.

Tous les artisans enrichis des fruits de leurs travaux? Quelle fructueuse réforme!

Heureux celui qui trouvera la solution de ce problème, il aura bien mérité de sa patrie!

GRÈVES ET SALAIRES

Les grèves qui, en général, n'ont d'autre but que l'augmentation des salaires, jointe quelquefois à la diminution du nombre des heures ouvrables, ne sont dans la plupart des cas qu'un fléau pour les classes laborieuses, ainsi que pour les nations qui en sont atteintes.

A quelque point de vue qu'on se place, elles n'ont constamment pour résultat final que de déprécier le numéraire indigène, et d'en *déséquilibrer* ainsi la valeur relativement à la valeur de ce même numéraire chez les autres nations.

Effectivement, lorsque par suite de l'augmentation des prix de main-d'œuvre, des produits deviennent plus coûteux, ce ne sont, certes, pas ces produits qui ont augmenté de valeur, puisque les jouissances qu'ils procurent n'en sont en rien changées ; ce ne sont donc en réalité que les espèces métalliques qui ont diminué de valeur représentative, et cette dépréciation insolite entraînera toujours après elle des conséquences désastreuses pour les industries nationales rivalisées.

Si encore, cette constante augmentation des salaires n'était pas fort souvent, pour l'ensemble des travailleurs, qu'une amère duperie, on se consolerait peut-être dans le présent de l'avenir déplorable que les grèves réservent à la prospérité de la patrie; mais ici l'expérience ne laisse même pas cette fiche de consolation.

Chaque nouvelle grève ne vient offrir en effet que de plus en plus larges passages aux importations étrangères qui, par l'infériorité de leurs prix, peuvent encore, après avoir affronté des frais de transport et des tarifs douaniers, entrer en très sérieuse concurrence avec certaines fabrications nationales que cette rupture d'équilibre monétaire a déjà fait exclure de la plupart des marchés commerciaux des deux mondes.

Aussi le commerce que la grève a gêné persiste-t-il presque toujours dans ses approvisionnements d'importation, et l'industriel, après avoir accepté les exigences des grévistes, se voit-il forcé, pour comble de maux, de réduire son personnel en raison du nombre des commandes qui se sont expatriées.

Quoi qu'il en soit, la corporation ouvrière aura bien obtenu une augmentation de salaires, mais une notable partie de ses membres ne retrouveront plus en définitive que d'appauvrissants chômages.

Et qui plus est, grâce encore à ce même état de choses, la fabrication nationale, privée par cela même de ses débouchés d'exportation, ne se voit que trop souvent forcée de se restreindre davantage pour ne pas déborder les besoins de la consommation indigène ; et il en résulte tout naturellement de funestes crises ouvrières, dont on ne cherche jamais à pallier les graves conséquences qu'à grands renforts des mêmes expédients qui en sont les véritables causes premières.

Car il ne faut pas s'y méprendre, la responsabilité de cette humiliante décadence industrielle incombe tout entière à la sagacité de ceux qui, depuis quelque trente-cinq ans, ont fait tous leurs efforts pour vulgariser universellement les goûts artistiques, et les procédés manufacturiers de leur patrie ; et qui, en outre, n'ont rien épargné pour propager de toutes manières des luxes insolents qui, en faisant renchérir de moitié tous les frais de la vie, ont forcé l'ouvrier de demander, comme de juste, que son salaire soit également doublé.

Mais qu'importe ! Ici plus que jamais : « après nous la fin du monde » ; et si ces stratagèmes poussent à des surcharges d'impôts et à des renchérissements qui jamais ne décroissent, ils empêchent du moins les peuples de crier pendant qu'on les ruine, et présentement encore, cela suffit, il faut croire !

D'un autre côté, la grève d'un corps d'état entraîne toujours à court délai les grèves successives de tous les autres corps de métier, et conséquemment toutes les nécessités de la vie, même les plus simples s'en trouvent renchéries.

Or, comme chacun n'est producteur, que d'un seul produit, et, par contre, consommateur d'une douzaine d'autres, il s'ensuit tout simplement que, si l'ouvrier a obtenu un surcroît de salaire journalier de 50 centimes qui fasse augmenter de 5 centimes le prix de la chose qu'il produit, il dépensera inévitablement 60 centimes pour se procurer les douze autres qu'il ne produit pas.

Et c'est ainsi que, sans cesse, les grèves courent après la surélévation des salaires, en tournant dans un cercle vicieux qui, comme une courbe spirale, ne se ferme jamais, attendu qu'éternellement le but visé reste toujours hors d'atteinte.

En conséquence, nous croyons pouvoir affirmer que l'amélioration du sort du travailleur est bien moins dans l'apparence trompeuse de l'augmentation des salaires, que dans la diminution des charges qui lui sont imposées par l'exorbitance des budgets des villes et des États ; car nous avons prouvé que, pour changer le nom des impôts, on ne pouvait cependant pas changer la personnalité du contribuable.

Le véritable intérêt du travailleur ne réside qu'en ce qu'il faut que son salaire arrive à excéder ses dépenses, afin de lui garantir un présent et un avenir meilleurs; et, hormis les équitables réformes économiques et administratives qui seules tendent à ce but, il sera toujours impossible de deviner ce que le sort de l'honnête ouvrier peut avoir à faire avec toutes ces mortelles réformes haineuses, que quelques compromettants terroristes disent être chargés de poursuivre au nom de son bonheur.

A lui donc, oserons-nous lui conseiller, dans notre désintéressement inattaquable, de confier ses réels intérêts à des démocrates économistes, ingénieux, bien plutôt qu'à des politiques routiniers qui, pour faire douter de l'intelligence humaine, en sont encore, à la fin du dix-neuvième siècle, à prêcher de romanesques sauvageries sociales, faute d'avoir égard à la mémorable déclaration des droits de l'homme et du citoyen, bien faite cependant pour servir aux égarés, tout à la fois, de sens moral et de sens commun.

Axiome. On vit de réalité, on meurt de rêveries.

LOGIS A BAS PRIX

Que de splendeurs répandues à pleines mains au sein de ces villes antiqués, où l'on ne retrouve plus que la monotonie d'un art tout moderne! Superbes sont ces avenues, ces cours, ces boulevards, ces perspectives stratégiques, bordés de palais où la richesse se prélasse dans le luxe, et s'endort sur des duvets parfumés!

Tous les précieux souvenirs de ces vieilles cités se sont écroulés sous les efforts du pic et de la pioche, et c'est en vain qu'on chercherait aujourd'hui une place pour relire sur les lieux une page historique appartenant au passé.

C'est qu'il a fallu, pour calmer des cauchemars dynastiques, que toute modeste maison où l'ouvrier pouvait se loger à bon marché, disparût avec tout son quartier, pour ouvrir une libre carrière au passage d'un boulet, entre de luxueuses maisons alignées que le peuple ne pourrait plus désormais habiter.

Pour obvier à un tel état de choses, que parle-t-on maintenant de phalanstères à construire, pour y parquer en masse des travailleurs que d'odieuses roueries n'ont déjà que trop longtemps refoulés aux

confins des villes populeuses, loin du contact mora-
lisateur et secourable de la fortune qui cacherait
encore volontiers des miettes d'or dans la main du
pauvre ; mais qui ne sachant où la trouver n'a pas
toujours le courage d'aller au loin la rechercher ?

Celui qui, à tort ou à raison, se targue de titres
de noblesse, n'a des préjugés et de fausses idées
sociales, que parce qu'il vit dans un milieu exclusivement imbu des mêmes erreurs dont il a été bercé
et dont il bercera lui-même ses enfants, en vertu
d'un préjugé de naissance, bien que ces idées ne
soient pas conformes aux principes sociaux commu-
nément admis de tous.

Il n'en peut être que de même pour le plébéien
du peuple dont l'éducation sociale ne dépend aussi
que du milieu dans lequel il est appelé à vivre, et
dont il recevra également de par le hasard de la
naissance, des préjugés et de fausses idées sociales,
dont la société ne saurait cependant lui tolérer,
sans péril, les erreurs d'un genre par trop anti-
social.

Ce qu'il serait le plus louable de faire, en fait de
logis à bas prix, ce serait de rendre à ce plébéien
ses droits de cité, ce serait de le reverser parmi
nous en lui faisant place dans toutes les habitations

à loyer, pour qu'il soit à proximité de son travail, et aussi à la nôtre afin que la misère et la démoralisation ne puissent plus que rarement l'atteindre, quand il serait de nouveau sous nos yeux.

Qui de nous autres, vieux citadins des anciennes cités, ne se souvient que naguère nos langes et nos layettes montaient toujours des premiers aux derniers étages, et que l'ouvrier pauvre ou malade recevait de tous les fortunés qui avec lui habitaient le même toit, des secours et des soins sans autre assistance publique et sans autre hôpital?

Et qui de nous ne sait que les reliefs de nos fêtes de familles allaient enrichir de quelques gourmandises la table de nos pauvres voisins, sans compter que nos dévoués serviteurs d'alors ne manquaient pas non plus de très sympathiques attentions pour eux?

Que ne reviendrait-on pas à ces temps plus moraux et meilleurs, et quel serait le riche bourgeois d'à présent, s'il n'était pas toutefois de la race de monsieur Jourdain, qu'a bafoué Molière *, qui oserait taxer de fâcheux le contact journalier de son

---

* *Le Bourgeois Gentilhomme*, Paris, 1670. — Chacun croit y reconnaître son voisin peint au naturel et on ne se lasse pas, dit la *Gazette* du temps, d'aller revoir ce ressemblant portrait.

semblable qui n'est pas encore comme lui issu d'un parvenu?

Car pour le peu qu'il reste de la caste de la noblesse historique, on peut hardiment avancer aujourd'hui, que nous sommes tous, ou de près ou de loin, fils de quelque bon travailleur qui, devenu marchand, nous a rendus bourgeois.

Le remède en lui-même n'aurait rien d'impraticable, puisqu'il suffirait simplement qu'un arrêté ou qu'une loi, s'il était nécessaire, enjoignît à tout propriétaire d'avoir à destiner, dans chaque maison, la moitié de l'étage supérieur à de petits locaux, mis à la portée de tous les gagne-petit qui pourraient alors y revenir loger.

La diffusion des saines et civilisantes morales sociales est l'unique garantie de la stabilité des sociétés humaines.

ÉPARGNES ET RETRAITES

Si nous avons été assez heureux pour nous faire comprendre, le travailleur saura — nous le souhaitons — obtenir que ses salaires puissent enfin excéder ses dépenses ; et s'il sait faire de cet excédent un prudent usage, un jour viendra sûrement que, d'épargnes en épargnes, il pourra dans une modeste aisance, acquérir à son tour le plus précieux, le plus enviable des biens : la liberté par l'indépendance.

Mais pour arriver plus facilement à cette fin, un peu d'aide, sans doute, serait d'un grand secours ; et c'est ce secours que, dans la limite de nos forces, nous allons essayer de rendre possible.

Ce but étant exposé, nous soumettrons aux législateurs des peuples l'étude que nous avons faite d'un avant-projet de loi d'économie sociale, basée sur des systèmes expérimentés déjà de longue date, mais dont nous croyons néanmoins pouvoir nous attribuer la nouveauté du mécanisme d'application, bien qu'il nous ait été suggéré par l'idée première de Lorenzo Tonti*.

* *Les Tontines royales.* — Paris, 1653.

Quoique ce soit encore un projet d'impôt, imparfait selon nous, puisque cet impôt retomberait, comme tous ses devanciers, sur la généralité des citoyens en raison de leur consommation ; celui-ci cependant, sauf erreur, nous a paru leur offrir quelques compensations qui se trouveront suffisamment exposées dans les sept articles qui suivent.

Dégrèvements et Retraites.

Article premier. — Tous artisans, employés, tâcherons, ouvriers, manœuvres ou servants, sans distinction de sexe ni de métier, auront à cinquante-huit ans d'âge droit à une retraite viagère incessible et insaisissable, qui sera déterminée en raison des services qu'ils auront rendus au corps social sous quelque forme que ce soit.

Art. II. — Tous industriels, fabricants, patrons ou maîtres de toutes sortes, seront tenus, à leurs propres dépens, de verser à la caisse du percepteur de leur localité, le sou pour franc du payement des salaires faits à chacun des salariés de leur industrie, fabrication, exploitation ou service.

Art. III. — Il sera délivré à chaque intéressé un

carnet individuel, sur lequel les percepteurs devront inscrire les sommes acquises au profit de la retraite du futur retraité.

Art. IV. — Le montant des sommes versées à l'effet de constituer le capital des susdites retraites viagères, sera encaissé par le Trésor public, pour être spécialement destiné, comme capital à jamais remboursable, à la dotation des caisses d'amortissements, des dettes publiques dites des États.

Art. V. — A cinquante-huit ans d'âge, l'intéressé, sur la présentation de son extrait de naissance joint à son carnet de retraite, aura droit, s'il le juge de son intérêt, de faire valoir dès lors ses droits à la retraite qui devra être calculée, sur des comptes faits *ad hoc*, proportionnellement au montant des versements effectués.

Art. VI. — Tous travailleurs de nationalités étrangères auront les mêmes droits aux susdites retraites, s'ils se sont fait naturalisés avant cinquante-huit ans révolus, et s'ils ont fait élection de domicile sur le sol national.

Art. VII. — Enfin, le carnet de retraite faisant partie des biens de la communauté entre époux, le

survivant héritera des droits acquis par le prédé-
cédé.

De par cette nouvelle institution, il est clair que
le travailleur aurait, à cinquante-huit ans, droit à
une retraite d'autant plus élevée qu'il aurait su,
tant par son assiduité que par son habileté dans
l'exercice de son métier, se procurer de plus forts
salaires, et par conséquent de plus fortes inscrip-
tions sur son carnet de retraite.

Mais nous laisserons à chacun des intéressés la
curiosité d'examiner la situation qui lui serait faite
par cette nouvelle loi, et nous nous bornerons à
dire pour le mettre en bon chemin :

Que tout travailleur qui n'aurait que de 15 à 18 ans
lors de la promulgation de ladite loi aurait, après
40 années de travail, droit à 58 ans, à une retraite
approximativement égale à la moitié du montant
annuel de son salaire moyen, pendant toute la durée de ce laps de temps.

Ainsi, celui qui, en moyenne, aurait, bon an mal
an, gagné 4 francs par jour, soit 1200 francs pour
les 300 jours ouvrables de l'année ouvrière, rece-
vrait une retraite viagère d'environ 600 francs ; et,
conséquemment, 6 francs de journée donnant
1800 francs de salaire annuel, équivaudraient à
900 francs de retraite ; tout aussi bien que 8 francs,

produisant 2400 francs de total à la fin de l'année, fourniraient 1200 francs à son futur retraité.

Enfin, pour ne rien livrer à l'équivoque, nous dirons encore en ce qui pourrait intéresser les travailleurs âgés de plus de 18 ans, que leur participation à ces retraites ne serait plus calculée que proportionnellement à leur âge au jour de ladite promulgation, et qu'ainsi celui d'entre eux qui serait déjà dans la quarantaine à cette époque, ne toucherait plus à 58 ans que les 18 quarantièmes, soit à peu près la moitié des retraites viagères sus-énoncées; et cela sans perceptibles sacrifices pour les futurs retraités (si les budgets sont devenus démocratiques) et aucuns pour le Trésor public, puisque ces rentes viagères ne feraient tout au plus que de se substituer, par voie d'amortissement, à des rentes perpétuelles ou autres desservies par les trésors des États.

Quant aux avantages financiers que l'on pourrait tirer de ce système à double fin, il nous semble que s'il était scrupuleusement manié, ses effets seraient en outre éminemment favorables au dégrèvement successif des impôts qui pèsent indistinctement sur l'ensemble des populations.

Mais ne voulant pas entrer à perte de vue dans des démonstrations que ne comporte pas le but de cette étude concise, il nous suffira, dans notre for intérieur, d'avoir le plus succinctement possible, mis en lumière un système que nous croyons digne d'attirer l'attention.

Nous laisserons donc aux économistes, financiers, algébristes, le plaisir d'établir les formules propres à en sonder les réelles profondeurs, et peut-être aussi, la gloire d'y trouver les bases d'un impôt presque unique, en reconnaissant que la valeur de tout produit n'est, en réalité, qu'un composé de mains-d'œuvre.

Néanmoins, nous ajouterons qu'au point de vue humanitaire, ce système pourrait être appelé à sauver les États du paupérisme en sauvant du *misérisme* la plupart des prolétaires.

CONCLUSION

De l'examen que nous venons de faire des régimes en usage, tant au point de vue politique que social, il paraît ressortir jusqu'à l'évidence, qu'en ces temps de folles erreurs, une nation, fatiguée des formes monarchiques, peut se donner le nom de démocratie, sans que, pour cela, il soit de règle pour ses mandataires de changer un iota à ses institutions, non plus qu'à la façon de la gouverner.

Mais alors, que pourrait-il importer à un peuple qu'on se moque de lui sous un nom plutôt que sous un autre?

Car, à tout bien considérer, les errements des monarchies, qu'elles soient de droit divin ou de contrebande, ne sont, en fait, que des procédés d'avides spéculations propres à ne satisfaire que les administrateurs et leurs créatures, et non pas des modes d'administration démocratique propres à ménager les intérêts publics, au profit exclusif des administrés de toutes les situations.

A consulter la plupart des auteurs des âges modernes, qui ont écrit sur les questions gouvernementales, on n'en trouve aucun qui fasse de telles confusions, et tous sont d'accord, avec Jean

Bodin*, qu'à des régimes de principes opposés, il faut des institutions et des modes de gouvernement contraires.

C'est à cette décevante confusion qu'est due, à n'en pas douter, l'acuité de la question sociale qui menace les pseudo-démocraties, à l'égal des vieilles monarchies de l'ancien continent.

A l'exclusion d'un petit royaume d'aveugles exploité par quelques borgnes dignes de cette royauté, que peut désirer en définitive la majorité de ces honorables travailleurs populaires? Si ce n'est simplement d'être gouvernés avec économie et sans iniquité, pour acquérir le droit de sortir du bourbier, et de vivre sans misère des fruits de leurs travaux.

Eh bien! ce travailleur-là est des nôtres et nous soutenons que ce qu'il demande est justice.

Il est à la société ce que l'hercule des spectacles forains est à l'échelle humaine. Qu'il faiblisse ou secoue les épaules, c'est l'édifice qui s'ébranle et c'est la pyramide sociale qui s'écroule!

Qui oserait donc se désintéresser de lui, et lui marchander le plus cordial des concours?

AMDÉMR.

Novembre 1885.

* *Les six livres de la République.* — Paris, 1576.

TABLE DES MATIÈRES

Fontainebleau. — M. E. Bourges imp. breveté.

Le 12 janvier 1886

DES PRESSES DE ERNEST BOURGES

Imprimeur breveté

A FONTAINEBLEAU

DIVAGATIONS

DÉMOCRATIQUES

DÉGRÈVEMENTS ET RETRAITES

ARTICLE PREMIER.

Tous artisans, employés, tâcherons, ouvriers, manœuvres ou servants, sans distinction de sexe ni de métier, auront, à 58 ans d'âge, droit à une retraite viagère incessible et insaisissable, qui sera déterminée en raison des services qu'ils auront rendus au corps social, sous quelque forme que ce soit.

Voir pages 81 et suivantes.

FONTAINEBLEAU — E. Bourges, imp. breveté